Uwe H. Sültz

AF186803

Aufwachen nach dem Koma –

Leben 2.0

BoD – Books on Demand

Norderstedt 2017

Bibliografische Information durch die Deutsche Nationalbibliothek

Die Deutsche Nationalbibliothek verzeichnet diese Publikation in der Deutschen Nationalbibliografie; detaillierte bibliografische Daten sind im Internet über http://dnb.dnb.de abrufbar.

© 2017 Uwe H. Sültz

Herstellung und Verlag:

BoD – Books on Demand, Norderstedt

ISBN 9-78374-6-04855-0

Liebe Leserinnen, lieber Leser,

wir, Renate Sültz und Uwe H. Sültz veröffentlichen Bücher verschiedener Genres. Wer nicht die Möglichkeit hat, sich aus dem Internet Dateien zu laden und auszudrucken, für die Person haben wir Pflegetagebücher, Schmerztagebücher, Blutdrucktagebücher und weitere Hilfsmittel zum kostengünstigsten Preis veröffentlicht. Die Sylt-Fotobücher zeigen die herrliche Insel von der schönsten Seite. Und was ist mit Menschen mit Behinderung? Ich selbst bin es und so haben wir „Sylt mit dem Rollstuhl erleben" geschrieben. Kinderbücher, weitere Notiz- und Tagebücher, Kochbücher, Technikbücher, Krimis, Science-Fiction und viele weitere Themen vervollständigen unser Angebot. Dieses Büchlein ist nun etwas anders. Es ist meine persönliche Erfahrung, die ich, vor, während und nach meinem Koma, gemacht habe. Natürlich ist es subjektiv, aber genau so habe ich es erlebt.

Danke für Ihr Interesse,

Ihr Uwe H. Sültz

Aufwachen nach dem Koma – Leben 2.0

Vom Namen her, SÜLTZ, haben meine Vorfahren wohl mit den alten Salzmeistern in der Lüneburger Heide zu tun. Nicht übermäßig reich, aber OK. Plötzlich wurde ich sehr reich, reich an Zucker. Aber die Situation ist viel zu ernst, als dass ich hier Späße machen könnte, denn es stand mein Leben auf dem Spiel.

Wie alles begann:

Ein lieber Mensch und ich machten vor 25 Jahren aus, uns gegenseitig zu helfen um in der letzten Lebensstunde nicht allein gelassen zu werden. Ich kam mit der Spina bifida auf die Welt. Auf der anderen Seite gab es in der Familie die Demenz. Die Zeit verging und ab 2010 wurde die Lage ernster. die Arbeit wurde immer mehr, wir holten Hilfe. Dies beschrieb ich in anderen Büchern, etwa „Seelenversprechen". Die Hilfe wurde von uns beiden auserwählt. An einem Tag der Schwäche meinerseits, wurde mir dieser liebe Mensch genommen. Nicht von Gott, sondern von der Familie. Danach begann ein Rechtsstreit. Seit 2015 kämpfe ich nun.

Ende Oktober 2017 bemerkte ich einen großen Durst. Ich trank pro Tag 4 Liter. Leider kein Wasser, sondern Cola und co..

Ich erinnerte mich wohl an einen Freund, bei dem danach Diabetes festgestellt wurde, aber das trifft mich bestimmt nicht, das trifft nur andere. Plötzlich wurde ich statt weitsichtig nun kurzsichtig. Ich wurde müde und schlapp. In den nächsten Tagen wollte ich zum Arzt.

Zu spät! Anfang November stellte mein Körper viele Funktionen ein. Mein Übergewicht und der Stress setzten meinem Körper zu sehr zu.

Ich kann mich an diesen Tag nicht erinnern. Aber Renate. Es war in der Nacht. Ich wollte zur Toilette, stürzte, und lag auf dem Boden. Durch die vielen Probleme genehmigte ich mir beim Fernsehen auch gern einmal eine Schokolade. Mein Gewicht stieg in den letzten beiden Jahren um 15 kg. Nun lag da ein 100 kg Mann auf dem Boden. Ich begann wirres Zeug zu nuscheln. Renate rief um Hilfe. Notarzt und Feuerwehr trafen ein. Die Lage war extrem ernst. Ich fiel ins Zucker-Koma. Es war eine sehr schwere Aufgabe, mich die Wendeltreppe herunterzuschleppen. Es ging dann sofort auf die Intensivstation des Lüner Krankenhauses.

Wie gesagt, an diese Vorgänge kann ich mich nicht erinnern. Auf der Intensivstation wurde um mein Leben gekämpft. Das Team musste gegen eine Lungenentzündung, Nierenversagen, Blutvergiftung und einen Zuckerwert von 1500 mg/dl ankämpfen. Ob ich jemals aus dem Koma erwachen würde?

Info: Lebensgefährlich ist das diabetische Koma, die schwerste hyperglykämische Entgleisung des Diabetes. Bei einem diabetischen Koma können die Blutzuckerwerte, insbesondere beim Typ 2-Diabetiker, über

1000 mg/dl (56,0 mmol/l) erreichen.

Ich kann den genauen Zeitpunkt nicht sagen, nach dem Koma versetzten die Ärzte mich in ein künstliches Koma, um meine Funktionen zu stabilisieren. Aber bevor ich ein Auge öffnen konnte begann für mich ein Kampf um Leben und Tod. Das Team kämpfte mit meinem Körper und ich mit oder in meinem Geist. Spielt sich alles in den Köpfen ab oder geht man in eine andere Dimension oder Sphäre über? Ist es der Weg zu Gott? Gibt es ein Zurück? Kann mein Lebenswille alles beeinflussen? Aber ich sah kein Licht, keinen Tunnel, so wie von vielen Menschen erlebt. Ganz im Gegenteil: Vor mir lag eine zerklüftete Landschaft. Eine Art See in der Mitte. Es ragen spitze Steine heraus, die Farbe ist lila. Trete ich hinein, so bin ich verloren. Links ragen Blöcke in grün heraus. Darauf muss ich balancieren, um ganz hinten ans Ufer zu kommen. Das Ufer ist rot. Ein Mönch erwartet mich und zeigt wortlos auf die drei Tempel. Mir erschien das alles sehr einfach, vielleicht

ein Zeichen meines Lebenswillens.
Die erste Tempeltür öffnet sich. Ein
Kämpfer in buntem Gewand steht
vor mir und fordert mich zum
Kampf. Ich muss sagen, dass ich
im wahren Leben nie irgendwelche
Bruce Lee-Filme gesehen habe. Den
Kampf gewann ich. Ohne Worte
wusste ich, dass ich weitere zwei
Kämpfe zu bestreiten hatte und
dafür 100 Lebenspunkte erhalten
würde. Übrigens gibt es bei mir auch
keine Telespiele. Wie diese
Erlebnisse zu erklären sind, weiß
ich nicht. Warum spielte sich nicht
alles im Western ab, die sehe ich

gern. Auch die letzten Kämpfer bezwang ich. 100 Punkte waren erreicht.

Jetzt kam der Zeitpunkt, an dem ich ein Auge leicht öffnen konnte. Ich erschrak. Ein riesiges Monster blickte auf mich herab. Mit riesigen Zähnen und einem Auge war es bestückt. Sollte der Kampf etwa weiter gehen?

Ich versuchte das zweite Auge zu öffnen, sofort wurde mir schwindelig. Ob ich die gesamte Zeit hören konnte, kann ich nicht sagen. Auf jeden Fall konnte ich alle Gespräche hören. Mein

Zeitgefühl war ausgeschaltet, auch wusste ich nicht, in welchem Krankenhaus ich war. Ich hätte schwören können, dass es in Hamburg ist. Aus Hamburg werde ich im Rechtstreit angegriffen, bis zur Existensvernichtung. Rechts meinte ich die liebe verlorene Partnerin zu hören. Von ihren Familienangehörigen soll sie abgeholt werden. Sollte auch dieser Kampf weitergehen? Ich glaube, das waren wirklich Ängste der Gegenwart oder Vergangenheit, die mich eingeholt hatten.

Mein Lebenswille war und ist sehr groß, trotzdem dachte ich nicht daran hier weg zu kommen, sondern ich fühlte mich als eine Einheit mit dem Bett und dem Zimmer. Gute Freunde sind in der Nähe und beschützen mich. Nun gut, dann konnte ich mir das Monster mit den riesigen Zähnen vornehmen. Mit der Zunge fühlte ich in meinem Mund ebenfalls lange starke Zähne. Um es abzukürzen, meine Zähne waren die Kunststoffhalterung der künstlichen Versorgung. Das Monster war die

Deckenbeleuchtung und das Auge die Entlüftung.

Renate war von Tag 1 an dabei. Ich hörte sie wohl, verstand auch, aber es hörte sich wie aus einem anderen Raum an. Dann kam das Ereignis, was für alle unlösbar bleiben wird... als ich ein Auge öffnen konnte, sah ich Renate mit einer weiß strahlenden Mütze mit Zipfel. Sie sagte nichts. Einen Tag später fragte ich sie, wo denn ihre Zipfelmütze sei. Renate antwortete, dass sie keine Mütze trug. Aber eine Schwester war erstaunt, dass eine unbekannte

Frau am Bett stand. Diese müsste Renate ja entgegenkommen. Kam sie aber nicht, sie war verschwunden. War es ein Engel?

Von Tag zu Tag verbesserte sich mein Zustand. Langsam synchronisierten sich meine Augen. Unter der Zimmerdecke erkannte ich die Beleuchtung. Schön wäre es, in Aufwachräumen die Decke mit einer Malerei zu schmücken, etwa einem Sonnenaufgang oder einer Blumenwiese.

Nun war ich wieder hellwach. Trotz Beatmungsgerät nahm ich immer tiefe Atemzüge, ich genoss die Luft.

Der restliche Körper machte noch nicht mit. Mit nicken und Daumen rauf konnte ich mich verständigen.

Ein neuer Patient wurde eingeliefert. Mein Alter, aber sehr krank. Dem Arzt, der ihn behandelte, sagte ich, dass mein Zimmernachbar böse Krankheiten in sich trägt. Er solle ihn operieren und die Krankheiten vertreiben, damit auch mein Zimmernachbar 100 Punkte erreicht. Nun ja, das lasse ich einfach mal so stehen, was er wohl von mir dachte? Einen Tag später schaute ich auf die gegenüberliegende Wand und plante in Gedanken dieses Buch. Plötzlich stieg vom Nachbarbett ein kleiner leuchtender Punkt auf. Parabelförmig stieg er langsam auf. Ich faltete die Hände und betete… mein Nachbar war gegangen.

Nach 14 Tagen auf der Intensivstation wurde ich in die fünfte Etage verlegt. Mit Mühe konnte ich Arme und Beine etwas bewegen. Aber ich war stabil und das Team hat mein Leben gerettet.

Ein Wort zu den Patienten. Es kann jeden erwischen. Und plötzlich ist das Leben nicht mehr so wie es war.

Der eine kommt damit irgendwie zurecht, der andere nicht. Ich habe beide Seiten erlebt und bewundere das gesamte Team. Sie haben wirklich viel Stress. Was mich betrifft, so gehöre ich wohl zu den ruhigen Patienten. Von Anfang an habe ich mich meinem Schicksal ergeben und alle Kraft bewusst auf eine Genesung gegeben. Kein Fernsehen, kein Radio und kein Handy. Volle Konzentration auf Genesung und Zukunft. Auch trage ich Verantwortung, werde geliebt. Ich ahnte, dass Folgeschäden bleiben würden, aber ich wollte leben.

Nun wurde auf der fünften Etage weiter untersucht und der Zuckerwert eingestellt. Auch zu diesem Team sage ich: „Meine Hochachtung!" Mehr Stress kann man nicht aushalten. Ich hoffe, dass die Entlohnung stimmt! Aber zur Antwort bekam ich in beiden Etagen immer zu hören, dass es eine Berufung sei und man Menschen helfen will. Es ist nicht nur ein Job. Meine Hochachtung!

Weitere 14 Tage wurde ich nun auf eine Entlassung vorbereitet. Meine

Werte verbesserten sich erstaunlich. Mein Wille war auf dem Höchstpunkt. Nachts dachte ich, dass ich morgens mal eben aufstehe und selbst auf die Toilette gehen werde. Tja. Der Geist war willig, der Körper versagte. Es war mir sehr unangenehm, mich waschen lassen zu müssen. Nicht das Nackt sein, das gibt es auch am Strand von Sylt, sondern meine Hilflosigkeit. Wieder sage ich: „Meine Hochachtung!"

Nach einem Monat im Krankenhaus wurde ich entlassen. Mit viel Mühe wurde ich bis zu meinem Bett getragen. Eigentlich stellte ich mir im Geiste vor, dass ich diesen Weg ganz locker schaffe... aber das hatten wir ja schon...

Nun sitze ich hier vor meinem Computer und schreibe meine Erinnerungen auf. Es ist wenige Tage vor Heiligabend, meinem ersten Heiligabend im Leben 2.0.

Danksagungen:

Jetzt könnte ich alle Namen aufführen, vom Herrn Professor bis zu allen Krankenschwestern und Pflegern, die mich gerettet haben.

Es spiegelt aber die Gefühle in meiner Seele nicht wieder. Ich sage lieber: „Einen ganz lieben Dank an Euch als Team, ja, mehr noch, als meine Lebensretter und Freunde. Ihr habt um mich gekämpft und gebangt. Ihr seid immer dagewesen. Ihr habt mich versorgt und beschützt. Und auf dem Weg der Besserung haben wir auch zusammen gelacht. Gott segne Euch, liebe Freunde.

Ich vergesse nicht meine Renate. Sie hat keine Sekunde gezögert und den Notarzt gerufen, was zur

Lebensrettung beitrug. Gott segne Dich, liebe Renate.

Und zum Schluss: Danke Gott, ich habe verstanden."

Noch ein Wort von mir:

Leider wird diese Krankheit völlig unterschätzt. Man erkennt Diabetes nicht sofort. Daher mein Aufruf: „Freunde, lasst Euch beim Dok testen. Die typischen Warnsignale sind großer Durst, Augenprobleme, Müdigkeit. Aber dann sind wir schon mittendrin. Wer dann immer noch nicht reagiert, riskiert das Koma oder schlimmeres." Bei mir haben sich Folgeschäden eingestellt, etwa in den Füßen und Fingerspitzen. Alles ist ohne Gefühl. Aber: „Ich lebe und kann mit Renate neue Kindergeschichten, Krimis, Gesundheitstagebücher und noch viel mehr veröffentlichen."

Danke für Ihr Interesse,

Uwe Heinz Sültz